Ernst Woll

Fiktive Tiergespräche im außergewöhnlichen Wohnungszoo

Geschichten in Gedichten

2017
Herstellung und Verlag: BoD - Books on Demand,
Norderstedt, ISBN 9783848241217

Inhalt

Einleitung

Tiere können nicht sprechen aber mit Ihresgleichen und auch mit uns Menschen auf ihre Art kommunizieren. Zu ihrer Denkfähigkeit gibt es noch viel Ungeklärtes. In einem Wohnungszoo mit außergewöhnlichen Heimtieren werden deren Zusammenleben und ihre gedachte Verständigung ohne Worte untereinander und mit uns Menschen beschrieben. Aspekte zu fordernder tiergerechter Haltung werden durch die Tiere hypothetisch selbst geschildert. Die fiktiven Tiergespräche werden in einzelnen Geschichten in Gedichten dargestellt. Warum? Man wird damit gezwungen, alles sehr konzentriert mit treffenden gut ausgewählten Worten und Begriffen aufzuschreiben.

Gedanken der Tiere sind uns unerfassbar,
doch Tiere denken, das ist bestimmt wahr,
ebenso zeigen das auch ihre Reaktionen
und ich denke schon, es würde sich lohnen
mit unseren Gedanken zu interpretieren,
welche Gespräche die Tiere hier führen?

Gespräch – Katze/Vogel

Katze, die vor einem Vogelbauer sitzt
schaut gespannt, die Ohren gespitzt;
Beginnen wir mit der Katze,
die hebt ab und zu ihre Tatze.
Imaginär hören wir sie dabei sagen:
„Vogel, solltest du es mal wagen
deinen Käfig doch zu verlassen
könnte ich dich mit Krallen fassen.
Eigentlich kann ich es nicht verstehen,
nur durch Gitterstäbe kann ich dich sehen
und klar ist mir in diesem Falle nich´,
hat man dich eingesperrt oder mich?“

Der Katze gelang es den Käfig zu öffnen, hat aber
dem Vogel nichts getan, so wie Menschen, die ge-
ben auch oft nur an.

Die Katze spricht weiter:
„Wir müssen immer und immer
ausharren in diesem Zimmer,
artgerecht wäre aber unser Leben nur
auch bei Aufenthalt in der freien Natur,
wir könnten es uns dann selbst einteilen:
Wollen wir hier oder draußen verweilen?

Aber die Menschen, das denke ich schon,
haben Vorteile durch unsere Domestikation.
Sie halten uns in Garten, Hof und Haus,
zu ihren Vergnügen nutzen sie uns aus.

Ich höre, die Leute rufen dich Hansi hier,
den Katzennamen Putzi gab man mir.
Tierfreunde scheinen diese Menschen zu sein,
ich sehe, in der Stube ist sogar ein Schwein,
z. Zt. noch ein Ferkel und ganz niedlich,
ist es als großes Tier auch noch so friedlich?
Meerschweinchen, Mäuse und ein Hund
tun ihre Anwesenheit ebenfalls kund,
wobei mich besonders Hundebellen stört,
denkbar, er ist über mein Hier -sein empört.

Ich beneide diese Tierbesitzer darum nicht,
wir verschiedenen Arten nehmen sie in die Pflicht.
Sie bemühen sich, uns aneinander zu gewöhnen
aber wir sind teilweise nur schwer zu versöhnen.

Deshalb würde ich Katze gern auch erfahren,
Hansi, siehst Du von mir ausgehende Gefahren?"
Der Vogel beginnt seinem Herzen Luft zu machen:
„Ich merke und dabei ist mir nicht zum Lachen,
dein Umgang mit Vögeln ist nicht nur Spiel,
uns zu fressen ist sehr oft auch das Katzenziel.

Dein Blick ist harmlos, täuscht Friedliches vor,
doch das ist Absicht, dein lauschendes Ohr
verrät gespannte volle Aufmerksamkeit.
Zu fangen, was sich bewegt, bist du immer bereit.
Ihr Katzen habt vermutlich einen Jagdinstinkt,
seid glücklich, zufrieden wenn es euch gelingt
uns, besonders aber Mäuse und alles kleine Getier
zu quälen und zu fressen mit großer Gier.
Warum musstet ihr aber uns als Beute auswählen?
Da doch Federn nicht zu euren Delikatessen zählen.

Außerdem kritisiere ich euer Jagdverhalten,
da sehe ich euch nicht an Naturgesetze halten.
Ohne Hunger zu haben, ohne Not, tötet ihr auch,
so ist es auch bei habgierigen Menschen der
Brauch.
Ihr lasst nutzlos im Spiel getötete Tiere liegen,
gut, dass diese meistens andere Hungrige kriegen.
Schändlich ist hier auch menschliches Verhalten,
Abfälle werden logischer Nutzung vorenthalten.
Darum sage ich dir hier auch frei und kurzum: Ihr
Raubtiere bringt uns Vögel zuweilen sinnlos um."

Jetzt kann Putzi den Mund nicht mehr halten,
antwortet auf die Anschuldigungen ungehalten:
„Da wollen wir doch mal einiges richtig stellen:
Unser Jagdverhalten als hinterlistig darzustellen,
grenzt schon an eine gewisse Überheblichkeit
und das hinzunehmen bin ich nicht bereit.
Deine Meinung stimmt nicht vorn und hinten,
in der Natur lassen sich viele Raubvögel finden,
die werden manchmal sogar für uns eine Gefahr,
ihnen zum Opfer fallen Katzen Jahr für Jahr.
Ihr fresst nicht Samen- und Pflanzenkörner allein,
dazu sollen es auch Insekten und Würmer sein
und wenn ihr diese so hinterhältig verschlingt,
hörte ich nie, dass ihr dazu ein Sterbelied singt.
Dein kleines Spatzenhirn, das merke ich sehr,
stellt hier nicht richtige Zusammenhänge her.
Konflikte, die zwischen Tierarten entstehen
sind als Auseinandersetzungen anzusehen,
bei denen man die gleichen Beutetier jagt,
gegenseitig sich aber das Recht darauf versagt.
Zwischen uns ist noch vieles zu besprechen,
denke aber, dass wir hier zunächst erst mal abbre-
chen.
Die Familie, zu deren Besitz wir angeblich gehören,
müsste sich unsere weiteren Gespräche anhören,
dann könnte sie die Probleme auch erfahren,
die schon immer beim Zusammenleben strittig wa-
ren.

Gespräch – Katze Schwein

Eine Wohnung, 5 Zimmer, im Mehrfamilienhaus;
dort leben mehrerer Heimtiere tagein, tagaus.
Will die Familie mit einem Zoo konkurrieren,
gar mit Verhaltensforschungen experimentieren?
Wahrscheinlich treffen wir hier auf Personen,
die gern mit Haustieren zusammen wohnen
aber Gelegenheiten im Haus mit Garten fehlen
und sie mussten hierfür eine Stadtwohnung wählen.
Katze Putzi und Felix, das Schwein, sind nun dran,
wir hören was sie reden und was stellen sie so an?

Bevor Putzi und Felix ihre Gespräche fortsetzen
muss noch berichtet werden von dem Entsetzen,
das wir von Nachbarn im Wohnblock hören,
die sich an dieser eigenartigen Tierhaltung stören.
Darum seien hier auch zunächst einmal anzugeben,
die verschiedenen Tiere, die in der Wohnung leben:
1 Katze, 1 Wellensittich, mehrere Fische im Aqua-
rium,
Hauskaninchen, Hamster, 1 Waran im Terrarium,
1 Schwein, 3 Meerschweinchen, 1 Dobermann
und als Futter für den Waran schaffte man Mäuse
an.

Ist so etwas in Wirklichkeit tatsächlich zu entde-
cken?
Ja, dazu stellen wir fest mit großem Erschrecken,
dass man in der Wohnung diese Tiere gefangen
hält,
und nimmt in Kauf, dass diesen das nicht immer
gefällt.
Trotz Belästigung durch Geruch, Lärm u. a. im
Haus
reichen die gegenwärtigen Möglichkeiten nicht aus,
die teilweise nicht tierschutzgerechte Haltung zu
verbieten,
weshalb die Beteiligten tüchtig in Streit gerieten.
Um diese Probleme kümmerten sich die Tiere
nicht,
um ihre Gespräche geht es nun im weiteren Ge-
dicht.

Auf dem Katzenklo, das sich im Flur befindet
sitzt **Putzi**, die sehr drückt und sich auch windet,
ihr scheint es dabei sehr unangenehm zu sein,
denn es schaut interessiert zu, Felix das Schwein.
Sie sagt ihrem Zuschauer nun ganz unumwunden:
„Was hast du besonderes jetzt hierbei gefunden,
auch du solltest dich künftig unbedingt anpassen,
deine Ausscheidungen nicht überall fallen zu las-
sen.

Hier in der Wohnung gilt für alle als Pflicht:
auf Parkett und Teppich kackt und pinkelt man
nicht."

Das war Felix das Schwein als er als Läufer im
Bauernhof abgeholt wurde. Im Wohnungszoo wur-
de er dann gebadet.

Felix grunzt: „ Ich wehre ich mich gegen Auflagen
und ich werde dir und den Menschen immer sagen,
wir sind nicht schmutzig, lassen uns nicht beleidi-
gen,
da werde ich unsere gesamte Familie verteidigen;
auch wir lieben unsere Umgebung sauber und rein,
schaut als Beispiel nur in traditionelle Ställe hinein,
wenn man uns dort selbst auswählen lässt,
dann legen wir selbständig bestimmte Plätze fest

wo wir, nach Menschenjargon, die Notdurft ver-
richten,
im weitesten Sinne also nicht auf ein Klo verzich-
ten.

Früher gab es dazu noch die Einstreu aus Stroh,
über dieses Polster waren wir Schweine froh,
und als natürlicher Dünger war dieses einzusetzen,
was bis heute die Biobauern immer noch schätzen.
In der Massentierhaltung werden Technologien ver-
langt,
bei denen aber kein Stroh mehr in den Stall gelangt.
Die Liegeflächen im Stall tiergerecht einzurichten,
darauf muss man bei neuen Haltungsformen ver-
zichten."
Skeptisch schaute die **Katze** bei dieser langen Re-
de,
erwidert: „Was ich hörte fordert auf zur Fehde.
Sehr erstaunt bin ich schon über dein Berichten,
woher kennst du in deinem Alter diese Geschich-
ten?
Ich schätz dich mal gerade vier Monate alt,
dem Ferkelalter entwachsen, ein Läufer halt
und vor 4 Wochen bist du hierher gekommen,
hast Stallleben gar nicht richtig mitbekommen.
Und nun prahlst du mit neuen Erkenntnissen,
Dinge, die eigentlich nur Fachleute wissen.
Also über den Tisch lass ich mich nicht ziehen,
das alles ist doch nicht in deinem Gehirn gediehen?

Deutliches grinsen beobachtet man bei Felix nun,
ihm scheint es gegenüber der Katze wohl zu tun,
zu zeigen, ein neues Zeitalter hat jetzt angefangen
weil auch Schweine auf einen Heimtierplatz gelangen,
wer hätte das vor Jahren gedacht, er kann jetzt schmusen,
er tat dies bei seiner Halterin schon einmal am Busen!
Jetzt gilt es für ihn aber auch zum Ausdruck zu bringen:
Es dauert nur noch kurze Zeit dann wird es gelingen,
Schweine werden anderen Wohnungstieren ranggleich,
das vernimmt nun Putzi von **Felix,** überaus wortreich:
„Kennst du die Begriffe Nutz- und Schlachttier?
Vermutlich nicht, darum erkläre ich sie dir.
Uns allen, die mit Menschen zusammenleben
hat man den Einheitsnamen Haustier gegeben.
Eingeteilt hat man nun nach weiteren Aspekten,
die sich auf Verwendung der Tiere erstreckten;
Heimtiere hält man zum besonderen Vergnügen,
Nutztiere müssen speziellen Ansprüchen genügen,
sie sind bei Menschen als „Dienstleister" beliebt,
wobei man Schlachttiere als andere Kategorie angibt.

Woher stammt mein reiches „Schweinewissen?“
Das wolltest du Katze doch gern wissen.
Vieles hat die Wissenschaft heute schon geklärt,
mehr gibt es, was selbst der Klügste nicht erfährt.
So lasst uns im vorliegenden Falle annehmen,
die von mir dargestellten Erkenntnisse kämen
von Tieren meiner Art, die wortlos wiedergegeben,
was sie hier gemeinsam mit Menschen erleben.
Auch mir ist nicht klar, warum ich all dies erfuhr,
es sind Geheimnisse im Universum und der Natur.“

„Das alles ist mir irgendwie zu hoch“, sagt die
Katze
und strecht sich über das Gesicht mit ihrer Tatze.
„Mir reicht es, ich zeige dir mit dieser Gestik an,
dass man sich auf diese Art auch säubern kann.
Euch Schweinen fehlt ein solch gelenkiges Bewe-
gen,
ihr zieht es vor, euch in das Suhlbad zu legen,
vom Körper schält sich dann der getrocknete
Dreck,
nimmt den Schmutz und Schlamm wieder mit weg.
So hat jeder eigene Vorstellungen von Sauberkeit,
und ich denke, wir beenden damit unser Gespräch
für heut´.“

Gespräch – Katze/Vogel/Schwein

Putzis Besitzer, Biologiedozent an der Universität,
mit seiner Heimtierhaltung oft ins Gespött gerät.
Seine Familie: Frau, 2 Kinder 10 und 12 Jahre alt
machen mit, betreuen Tiere, unterstützen ihn halt.
Auch ist man im Familienverbund gleichgesinnt,
dass Tiergespräche keine Hirngespinste sind,
die man von den Mitgeschöpfen beobachten kann,
sie sind ohne Worte, man stört sich nicht daran.
Hansi, sehr häufig allein in seinem Vogelbauer,
wartet, ihm ist es sehr langweilig auf die Dauer.

Katze Putzi taucht vor den Gitterstäben auf.
Bevor aber das weiter Gespräch nimmt seinen Lauf
flattert Hansi mit den Flügeln, ist ganz aufgeregt,
weil sich im Zimmerhintergrund noch etwas be-
wegt.
Beim öffnen der Tür schlüpfte noch mit herein
Felix, das kleine, grunzende, männliche Schwein,
das eine unverständliche, fremde Sprache spricht,
so Kauderwelsch hörten Katze und Vogel noch
nicht.
Furcht jagt der Eindringling vorerst den beiden ein,
könnte das Tier aber vielleicht auch harmlos sein?

Felix scheint sich nicht für die anderen zu interes-
sieren,
so dass Putzi und Hansi schnell ihre Angst verlieren
und der Vogel bekundet, dass er sich wiederum
heut´
über den Besuch der Katze außerordentlich freut:
„Wir hatten uns gestern strittig darüber unterhalten
wie sich Katzen und Vögel mit Beutetieren verhal-
ten,
verständigen sollten wir uns, dass alles in der Na-
tur
geregelt ist und abläuft wie in einer vollkommenen
Uhr,
nur wenn der Mensch egoistisch zu steuern beliebt,
er auch sehr schnell das Gleichgewicht verschiebt."

„So viel Wissen hätte ich dir gar nicht zugetraut"
verkündet Putzi dem Vogel und tönt „Miau" sehr
laut.
Das hat das im Zimmer schnüffelnde Schwein ge-
hört
und fühlt sich nun in seinen Erkundungen gestört.
Es gesellt sich spontan zu den beiden Tieren hinzu
und es beginnt eine interessante Debatte im Nu.
Ein Wunder, das hätte kein Mensch je gedacht,
was dieses Trio bei gegenseitiger Verständigung
macht:
Es wird gepiepst, miaut, gegrunzt und sich bewegt,
gut anzuschauen, wie man sich zu verstehen pflegt.

Menschen erheben sich über Tiere, sie können re-
den,
doch durch verschiedene Sprachen versteht nicht
jeder jeden.
Entschlüsseln konnten wir außerdem bisher noch
nicht
ob das dem Tierstimmenunterschied ebenfalls ent-
spricht.
Die Tierlaute zeigen sich uns in vielen Variationen.
Tiere können damit wohl ihre Individualität beto-
nen.
Laute sind auch in der Tierwelt Erkennungszeichen
zum Fortpflanzen und auch um Gefahren auszu-
weichen.
Worüber nun die Drei vor dem Käfig debattieren
lässt unsere Gedanken wieder in gedachte Welt ent-
führen:

Hansi drückt vermutlich mit Bewegungen Freude
aus,
Putzi gähnt hin und wieder, steckt ihre Zunge her-
aus
und Felix reibt mit dem Rüssel an dem Käfiggitter,
ein eingesperrter Vogel erscheint ihm offenbar sehr
bitter.
Interessevoll beobachtet nun die Familie die Drei,
wie sie wortlos kommunizieren, frank und frei.
Sie will auch erfahren, was die Tiere empfinden,
sprechen sie von Zwängen oder Wohlbefinden?

Was müsste man wie in der Heimtierhaltung gestalten,
um unsere Mitgeschöpfe tier- und artgerecht zu halten?

Die Tiere haben offensichtlich ein Thema ausgewählt,
das im Zusammenleben zu kritikbehafteten zählt:
„Fertig zu werden höherer Wesen mit dem Einsamsein",
belastend ist es, sind Menschen oder Tiere immer allein.
Diese Frage ist im umfassenden Sinne zu verstehen;
extrem kann man dies sogar als Folter auch sehen.
Der Vogel sagt nun mit seinen freudigen Gebärden
es sei für ihn täglich ein großes Glück auf Erden,
wenn Putzi ihn aufsucht in seiner Einsamkeit;
dabei denkt er auch an seine frühere schöne Zeit:

„Damals war ich in meinem Käfig nicht verlassen,
Lori,den kleinen Papagei, hat man bei mir gelassen.
Sein schwadronieren war manchmal schwer zu ertragen,
doch heute fehlt mir Lori, das muss ich schon sagen.
Sie erkrankte an einen bösartigen Bauchtumor,
denn Krebs kommt auch nicht selten bei Vögeln vor.

Als Lori qualvoll starb, darüber denke ich jetzt
nach,
mir häufig, wie bei Menschen, das Herz fast brach.
Unverständlich, kein neuer Vogel kam wieder ins
Haus,
ich wurde depressiv, halte es jedoch nun alleine
aus."

Felix, das Schwein, schaut ganz desinteressiert,
weil es gerade seine Harnflüssigkeit verliert.
Es ist damit beschäftigt, ihm ist es dabei jedoch
egal,
wohin er sich lenkt, der stinkende Flüssigkeits-
strahl.
Er geht in den Käfig, nass wird alles dort drinnen,
Hansi beschimpft das Ferkel, es sei von Sinnen:
„Saubere Wohnungen sind für Heimtiere notwen-
dig,
dazu sind wir erzogen und beachten das ständig.
Scheinbar hast du noch nicht gelernt dich anzuglei-
chen,
kann man das bei dir, dem Schwein, überhaupt er-
reichen?"

In diesem Moment betritt die Hausfrau das Zim-
mer,
entsetzt ruft sie: „Ich sage es doch immer und im-
mer,

lasst Felix in der Wohnung noch nicht frei `rum
streichen,
noch gelang es nicht, doch es ist bestimmt zu errei-
chen,
dass auch ein Schwein seinen festen Platz be-
stimmt,
wo es seine Ausscheidungen von Kot und Harn
vornimmt!
Jetzt werde ich euch drei „Gute Nacht" aber sagen.
Unterhaltet euch weiter in den nächsten Tagen."

Welcher Hund passt in die Familie

Die bekannte Familie mit den vielen Tieren
hören wir nun über die Frage diskutieren:
Welcher Hund der unterschiedlichsten Rassen
könnte zu unserer Heimtierhaltung passen?
Bekanntlich werden zwischen Menschen und Hun-
den
bei allen über 100 Rassen Anpassungen gefunden.
Hunde, Herdentiere wie ihre Wolfsvorfahren,
behielten als Haushunde einige dieser Gebaren,
dazu gehört vorrangig im Rudel ein „Bestimmer";
bei Einzelhaltung fehlt das aber leider immer.
Man weiß, hierfür gibt es viele Beispiele schon,
Menschen übernehmen die „Alpha-Tier-Position".
Ist das voller Ersatz? Das ist zu hinterfragen
und es könnten uns die Hunde selbst nur sagen.

Schließlich hat man einen Dobermann gewählt,
warum, wird später vom Hund Alex selbst erzählt,
der sich in der Wohnung in der Küche aufhalten
muss,
Ersatz ist der Spaziergang, der mindert den Ver-
druss.

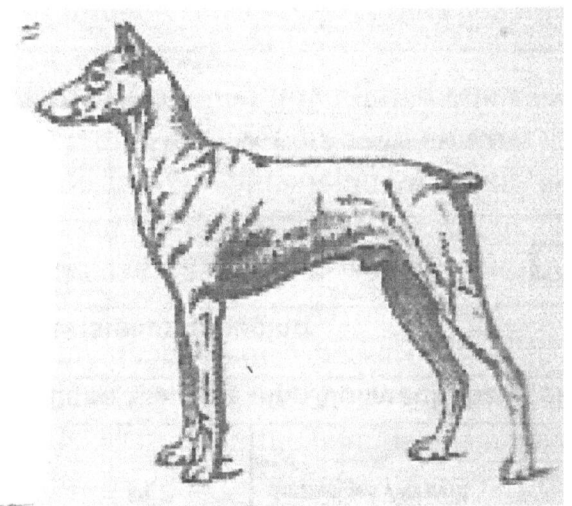

Dobermann
Es ist eine Kreuzung von Pinscher und Schäfer-
hund. Sie wurde von einem Züchter in Apolda in
Thüringen geschaffen.

Man muss der Familie unbedingt zu Gute halten:
Die Hundehaltungsverordnung wird eingehalten.
Kontakt mit Betreuungspersonen ist gegeben
der Aufenthaltsraum ist geeignet fürs Hundeleben.
Als Halbjähriger wurde er hier aufgenommen
und hat Anfangs einen Schreck bekommen!
Nun will Alex über dies, seine Erlebisse berichten,
muss aber aufs Zuhören der anderen Tiere verzich-
ten,
er wird in der Wohnung noch immer separiert,

weshalb er sich oft in Selbstgespräche verliert:

„Für meine Nase war das kaum auszuhalten hier,
alles stank nach Katze, nach weiterem Getier;
im Tierheim, wo ich zur Welt gekommen bin
nahm ich damals diese Gerüche gelassener hin.
Im Tierheim konnte ich mich nicht beklagen,
zu Besuchern hörte ich den Leiter oft sagen,
`das ist ein reinrassiger Hund, ein Dobermann,
den ich nur an solche Halter abgeben kann,
die sich mit dem Charakter dieser Tiere auskennen´
und er begann meine Rasseeigenschaften zu nen-
nen.
Über Zuchtverfahren hörte ich hier zum ersten Mal
sie schaffen Gutes aber auch für manche Hunde
Qual.
Von dieser Laudatio war meine Familie bewegt,
man hat mich erworben, bestimmt nicht unüberlegt.

Die Aussagen über meine Rasse waren diskrepant,
man hat viel Gutes aber auch Schlimmes genannt.
Als Diensthund eingesetzt, wegen der Intelligenz
gibt es allseitigen Einsatz ob des Temperaments.
Ein Makel lastet auf unserer Rasse unauslöschbar,
weil sie für Wachhunde in KZ´s bevorzugt war.
Dagegen ist aber auch ganz besonders hervorzuhe-
ben
viele von uns als Rettungshunde ihr Bestes geben.

Es sind dann aber immer böse Menschen gewesen,
die uns im Charakter friedliche Wesen
auch zu Kampfhunden auswählten und abrichteten
und damit den guten Ruf der Rasse vernichteten.

Wir Tiere dieser Rasse sind kinderlieb und treu,
womit auch ich vielleicht die hiesige Familie er-
freu´,
sie sollte aber auch meine Isolation beenden,
ich könnte feststellen welche Probleme beständen,
wenn wir Tiere uns alle in der Wohnung sehen,
wie wir dann lernen miteinander umzugehen."
Bald darauf erfüllte man dieses berechtigte Begehr,
darüber in der nächsten Fortsetzung dann mehr.

Hund und Katze versöhnen sich

Hund Alex fühlt sich nun endlich wieder frei,
seine mehrwöchige Haft in der Küche ist vorbei.
Leicht kann er das Zimmer in der Wohnung finden,
wo sich die vielen Tiere wie in einem Zoo befin-
den.
Sein guter Geruchssinn hat ihn dorthin geleitet,
was er nun erblickt ihn aber Bestürzung bereitet:
Aus einem Glaskasten guckt ihn ein Tier böse an,
im Maul eine Maus, deren Kopf man noch sehen
kann.
Das Beutetier lebt, das verrät der ängstliche Blick,
Alex steht wie angewurzelt, kann nicht zurück.
Da hört er den Hausherrn in das Zimmer kommen,
der erzählt einiges, er selbst ist noch ganz benom-
men:
„Ja, mein Lieber, da kannst du staunen und erfah-
ren;
auf der Welt gibt's zwischen den Tieren Gefahren,
hier ein Waran, eine Echse, die kann nur überleben,
wenn wir ihr in unserer Obhut lebendes Futter ge-
ben.
Mit fressen und gefressen werden wird garantiert,
dass sich in der Natur der Kreislauf nicht verliert.
Bei euch Haustieren greifen wir Menschen hier ein,
schützen euch voreinander, wird das gut aber sein?

Wir bringen euch damit in eine Gefangenschaft,
wissen nicht, ob die euch tiergerechtes Leben
schafft."
Alex hat doch versucht diese Worte zu verstehen,
man merkt, er würde antworten, würde das nur ge-
hen,
gedacht lassen wir ihn seine Gedanken darlegen,
eventuell kann das zu neuen Überlegungen anre-
gen:
„Auf den Weg hierher hatte ich eine Katze gewit-
tert,
wollte sehen ob sie vor meinem Anblick zittert,
doch als ich den Raum betret´ und die Echse seh,
sind Gedanken an die Katze plötzlich passee.
Hier im Zimmer werden sonderbare Tiere gehalten,
die bisher in keiner Weise als Heimtiere galten.
Weil es nun durch die Globalisierung der Welt
vielen Menschen obendrein auch noch gefällt
von Reisen in alle Herren Länder, Tiere mitzubrin-
gen,
die sie zum Leben in Arrest in ihre Obhut zwingen,
werden diese aus ihrem natürlichen Umfeld geris-
sen,
tun das diese Menschen noch mit reinem Gewis-
sen?

Kann ich mich je an diese fremden Tiere gewöh-
nen?
Da könnte man sich ja direkt mit Katzen versöhnen.
Katze, die du dich hier vor mir verstecken willst,
vielleicht gar nicht mehr als meine Feindin giltst,
wenn ich dich über unser Gemeinsames aufkläre,
das im Zusammensein mit Menschen wichtig wäre.

Ich bin noch sehr jung, ohne eigene Erfahrung,
merke aber, es dreht sich vieles um die Nahrung.
Wir Hunde, ihr Katzen, jagten einst die gleiche
Beute,
es hieß, unser Streit sei unüberwindbar bis heute.
Darüber hörte ich von Älteren sehr Beachtenswer-
tes,
erfuhr auch, hierzu sagen Viele viel Verkehrtes.
Menschen ordnen uns Hunde den Raubtieren zu,
damit erhielten wir einen schlechten Ruf im Nu;
wir würden töten, besonders Fleisch auch fressen,
sie sind aber selbst auch so, das ist nicht zu verges-
sen!
Katzen muss man aber auch zu den Raubtieren zäh-
len,
könnten wir drei uns gegenseitig als Nahrung wäh-
len?

Ihr Hauskatzen habt viel von Großkatzen über-
nommen,
der Appetit auf Menschenfleisch ist aber ausge-
nommen,
gleichermaßen sind mir keine Beispiele bekannt
wonach Haushunde als Menschenfleischesser ge-
nannt.
Aber noch in Asien und in Europa bis vor kurzer
Zeit,
war bei Menschen Hundefleischessen keine Selten-
heit.
Selbst in Deutschland, wo Hauskatzen so sehr be-
liebt,
es immer noch Leute als Katzenfleischesser gibt.
Wenn ihr es nicht wisst, will ich es dir auch verra-
ten:
Menschen war Katzenfleisch Ersatz für Kaninchen-
braten:
Auf den Schwarzmärkten in der Nachkriegszeit
standen eure Schlachtkörper zum Verkauf bereit.
Köpfe waren nicht dabei, sie wurden vorher abge-
trennt,
damit niemand die Herkunft als Katzenfleisch er-
kennt.
Ist es da richtig, unsere Fressfeindschaft bei zu be-
halten,
wenn wir den Menschen oft nur als Fressobjekte
galten?"

Die Katze wagt sich hervor aus ihrem Versteck,
sie findet diesen neuen Hund eigentlich ganz nett.
Was sie von ihm hörte war ja ein Friedensangebot,
beim Hundeanblick sieht sie jedoch immer noch
rot.
Vielleicht kann man trotzdem hier zusammenleben;
sie selbst wird sich auf alle Fälle viel Mühe geben.
Dem Wohnungsgenossen sagt sie aus sicherer Dis-
tanz:
„Mein Lieber noch trau ich deinen Worten nicht
ganz,
bin aber bereit mit dir hier zu experimentieren.
Wie lassen sich ehemalige Feinde zusammenfüh-
ren?
Von unseren Besitzern hier hörte ich sagen,
sie wollen es mit ihrem Wohnungszoo wagen
Probleme zu klären, was ist zu tun, zu gestalten,
um verschiedenste Tierarten gemeinsam zu halten?
Vielleicht treffen wir uns öfter in nächster Zeit,
dann bin ich zu friedlichen Gesprächen bereit,
denn die Leute sagten auch stets offen und frank
sich nicht auszusprechen bringt nachfolgend Zank.“

Der Waran entwischt

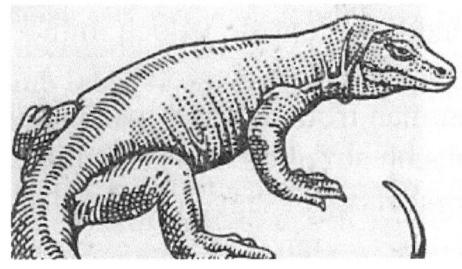

Was im Wohnungszoo ruhig kreucht und fleucht
findet man eines Morgens ganz aufgescheucht,
man hört wie Tiere ihre Stimmen erheben,
spezifische, ängstliche Laute von sich geben.
Die Familie stürmt ins Zimmert um nachzusehen,
was ist mit diesen aufgeregten Tieren geschehen?
Die Ursache der Unruhe ist sehr schnell gefunden,
der Waran ist aus dem Terrarium verschwunden!
Eltern und 2 Kinder sind wie vom Donner gerührt,
was hat zu diesem Fluchtausbruch geführt?
Gestern Abend hat der Junge die Echse gefüttert
und er sagt und scheint darüber auch erschüttert:
„Ich glaube die Glaskastentür verriegelte ich nicht
und da ist dann bestimmt die Echse entwischt.“
Der Vater fasst sich als Erster und er erklärt,
dass man durch dieses Ereignis wissenswertes er-
fährt:

„Alle unsere Tiere haben sich ängstlich benommen,
mit Echsen sind sie noch nie direkt in Kontakt ge-
kommen,
folglich besitzen alle einen natürlichen Instinkt
mit dessen Hilfe ihnen der Überlebenskampf ge-
lingt.
Sie spüren und erkennen Feinde und auch Gefah-
ren,
ohne dass sie diesen vorher je begegnet waren.
Jetzt gilt es den Ausreißer wieder einzufangen,
durch Hund Alex werden wir schnell zu ihm gelan-
gen."
Ja, man brauchte nur dem lauten Bellen nachzuge-
hen
da sieht man auf dem Balkon Alex vor der Echse
stehen.
Der Hund betrachtet sie offensichtlich als Feind,
sein Bellen verrät es, gedacht hören wir was er
meint:
„Du gehörst nicht in unseren Kreis hierher,
dich in unsere Gemeinschaft einzugliedern fällt
schwer,
wir sind hier alle Heimtiere auf heimischem Boden,
du Waran, gehörst aber zu den uns unbekannten
Exoten.

Ursprünglich hatte ich Angst, das ist erklärlich
aber nur in der Wildnis würdest du mir gefährlich,
weil du dort auch hundeähnliche Arten frisst
mich aber hier zu fangen du zu langsam bist."
Vermutlich merkt Alex, dass die Echse erzählen
will,
er hört ihr zu und ist ausnahmsweise selbst mal
still:
„Wage dich nur nicht zu nahe an mich heran,
weil ich in der Tat auch hier beweisen kann:
Man zählt uns richtigerweise auch zu den Raubtie-
ren,
die mutig sind, niemals ihre Angriffslust verlieren.
Als dieser Mann hier mich in der Wildnis gefangen
war alles um mich herum viel zu schnell gegangen.
Wir lebten sicher, nur Angst vor Menschen hatten
alle,
unbedacht flüchtete ich und landete in einer Le-
bendfalle.
Es wird behauptet, wir Warane wären leicht zu
zähmen,
weshalb uns die Menschen jetzt als Heimtiere näh-
men.
Vermutlich war dies der Grund hier für die Leute,
mit mir angeben wollten sie, das macht ihnen Freu-
de.
Was mir in Gefangenschaft seither indessen zustieß
mich in keiner Weise sanftmütig werden ließ.
Selbst bestimmen will ich immer über mein Leben,

mit Einsperren werde ich mich nie zufrieden geben.
Ihr Heimtiere habt euch seither alle gefügt
und ich frage, ob es euch wirklich schon genügt,
wenn euch die Menschen mal liebkosen und loben
und ansonst werdet ihr ins Abseits abgeschoben.
Moderne Heimtierhaltung, da muss ich schon sa-
gen,
es ist sensationell was da heute die Menschen wa-
gen,
da gibt es wohl fast keine Tierart mehr auf der
Welt,
die man nicht auch als Heimtier in der Wohnung
hält.
Die Familie mit diesem sonderbaren Wohnungszoo
ist über mich als besondere Attraktion irgendwie
froh,
wie einen Hund behandelt man mich, ist das nicht
dumm?
Man legt mir ein Geschirr an, führt mich draußen
herum;
als wenn das für mich Ersatz für freie Bewegung
wär´,
im Gegenteil und dazu schämte ich mich sogar oft
sehr,
denn ich hörte neben der Empörung vieler Passan-
ten,
dass sie Echsenausführen eine Spinnerei auch nann-
ten.“

Eine laute Stimme, für diese Tiere ein Alarmzei-
chen;
müssen sie schnell einer Gefahr ausweichen?
Es ist ein Mann auf dem Balkon im Nachbarhaus,
der schreit seine Empörung gerade so heraus:
„Nun ist bei mir aber alle Geduld am Ende,
mir ist es als ob ich mich im Dschungel befände;
eine große Echse schaut mich wie ein Raubtier an,
nicht auszudenken was hier alles passieren kann!
Wir sind nicht mehr sicher in unseren 4 Wänden,
die Polizei muss diese Tierhaltung beenden."
Handhabe zu einem Verbot gab es jedoch nicht,
weitere Tiergespräche hören wir im nächsten Ge-
dicht.

Eine Henne kommt in den Wohnungszoo

Warum wollte man den Wohnungszoo anlegen?
Wollte man Tiere schützen, hegen und pflegen?
Vielleicht war das das ausschlaggebende Motiv,
die artgerechte Tierhaltung lief dabei oftmals
schief.
Wir hören wie ein auserwähltes Tier dazu spricht,
als typisches Heimtier kennen wir es bisher nicht.
Der Lebenslauf, wie wird es in den Zoo eingegliedert,
wird von diesem Geschöpf nun selbst geschildert:
„Säugetiere werden geboren, aus dem Ei schlüpfte
ich,
als Huhn galt sofort Selbstständigkeit für mich;
dadurch ist unsere Mutterbindung nur oberflächlich,
ihren Vater, den Hahn, kennen nur Zuchttiere tatsächlich.
Ich gehöre zu den Tieren deren Leben damit startet,
indem der Mensch nur Produktion von ihnen erwartet.
Nach Fleischhuhn oder zum Eierlegen wird sortiert
und was da nicht reinpasst sofort das Leben verliert.
Ich kam in eine Käfighaltung, eine Eierlegefabrik,
diese gebotene Überlebenschance war aber kein
Glück,

denn ich lebte in diesen meinen besten Hühnerjah-
ren
auf Flächen, die kaum größer als ein DIN A 4 Blatt
waren.
Bereits nach meistens weniger als zwölf Monaten
als die von uns gelegten Eier abgenommen hatten
vernahm ich, dass Menschen Andeutungen mach-
ten,
unsere ganze Stalleinheit käme bald zum Schlach-
ten.
Dann ging es auf zum Transport zur großen
Schlachtstätte,
in der es für mich das Lebensende gegeben hätte,
doch ob es vielleicht für mich Bestimmung war?
Ich sah die Wohnungszoobesitzer, das Ehepaar,
die kauften mich, wollten mich als Tierschützer be-
freien,
weil das neuerdings organisierte Aktionen seien,
indem man Zeichen setzt, um bisher gequälten Tie-
ren
bis zum natürlichen Tod beste Haltung zu garantie-
ren.
Selbst mit meinem kleinen Hühnergehirn erkenne
ich,
generelle Lösungen bringen diese Aktionen nicht.
Einige Monate bin ich nun in diesem Wohnungszoo
mit gemischten Gefühlen, sowohl traurig als auch
froh.

Einst gestresst von vielen Hühnern in der Legebat-
terie
bin ich nun ohne diese Partnerinnen einsam wie
noch nie.
Die anderen Tiere behandeln mich als Außenseiter
und an hühnergerechter Haltung fehlt es hier leider.

Man kennt diese, das erfuhr ich einst sehr klar
als ich Mithörer beim Geschichtenerzählen war.
Der Hausherr wuchs in einem Bauerhof auf,
davon erzählte er gern seinen Kindern zuhauf.
Und deshalb weiß ich nun auch darüber Bescheid
was glückliche Hühner waren in alter Zeit.
Hier finde ich diese Bedingungen nicht vor,
darum leiht den Worten des Hausherrn das Ohr":

Glückliche Hühner im Garten

„Für meinen Großvater, einem Bauern aus Passion,
galt für die Nutztierhaltung vor 75 Jahren schon,
Tiere müssen sich wohl fühlen unter unserer Obhut,
das tut dann ihnen und auch uns Menschen gut.
Die Hühner zeigen im Verhalten aus ihrer Sicht
was sie bevorzugen, ihnen gefällt oder auch nicht,
dazu muss man die eigenen Hühner gut kennen,
all das konnte mein Opa dann auch konkret benen-
nen:
Sie brauchen im Freien Gesellschaft mit ihresglei-
chen
dazu aber große Flächen, um sich mal auszuwei-
chen.
Die Personen, die sie pflegen füttern und betreuen
erkennen sie, gackern, flattern und können sich
freuen.
Für den Takt des Sonnenauf- und Untergangs bereit
bevorzugen sie im Tagesablauf Regelmäßigkeit.
Beim Eierlegen sind sie gern allein und unbeobach-
tet,
nach Erfolg wird laut gegackert, dass jeder es be-
achtet.
Müssen sie darum in Gruppen in Käfighaltung le-
ben
ist ihnen dieses wichtige Bedürfnis nicht gegeben.
Selten brüten heute auf einem Nest noch Hennen,
Brutapparate sind aber als ein Vorteil zu erkennen.

Manches Huhn würde eventuell freilich mit Entzü-
cken
gern spazieren gehen mit den geschlüpften Kücken.
Hühner sitzen gern auf Stangen beim Schlafe,
Bodenhaltung ohne solche ist für sie deshalb Strafe.
Flächen zum Scharren sind für Hühner ebenfalls
notwendig,
irgendwelche Beschäftigungen brauchen sie stän-
dig.
Über glückliche Hühner wusste mein Opa noch
mehr,
doch daneben bedrückte es ihn schon als Kind oft
sehr,
wenn dann das Schlachten der Tiere anstand
und man sogar auf seine Mithilfe dabei bestand.
Beim Hühnerschlachten wurde nicht betäubt,
so haben sich die Tiere oft gewehrt und gesträubt.
Mit Schneidewerkzeugen wurde spontan der Hals
durchtrennt,
was man bei anderen Schlachttieren „Schächten"
nennt.
Diese rituellen Schlachtmethoden
sind in Deutschland zum Glück verboten."
Im Wohnungszoo lebte die Henne dann ein halbes
Jahr,
da meinte der Hausherr: Vielleicht ist es doch wahr,
Hühner eignen sich nicht zur Haltung in Wohnun-
gen
also ist unser Experiment doch nicht gelungen.

Wir ließen die Henne überall frei herumspazieren
allerorts sahen wir sie ihre Ausscheidungen verlie-
ren.
Nur unser Schwein Felix fraß diese hin und wieder
anderen Tieren, auch uns, ist dieser Schmutz zuwi-
der."

An Bekannte übergab man deshalb das Huhn,
bei diesen lebt es in einem Schrebergarten nun.
Mit dortigen 5 Hühnern aus der genannten Aktion
versteht sich die gerettete Henne recht gut jetzt
schon;
die Haltung dort ist einigermaßen „geflügelge-
recht",
sie genießen ihr gewonnenes Leben so recht und
schlecht.
Hund Alex aus dem Wohnungszoo ehrlich betont:
„Lasst uns Tiere mitbestimmen wer bei uns wohnt
und mit unseren weiteren Kommunikationen zeigen
wir
die Probleme beim Zusammenleben von Mensch
und Tier."

Schweine sind keine Heimtiere

Schwein Felix wurde schwerer und größer
und verhielt sich dazu auch immer böser.
War es Absicht oder Vergesslichkeit gewesen,
man hatte es nicht kastriert, das männliche Wesen.
Er wurde geschlechtsreif mit allem Ebergebaren,
die für Betreuer und Umgebung außerdem gefähr-
lich waren.
Beispiellos was er im Wohnungszoo alles machte
und damit das gesamte Tierleben durcheinander
brachte.
In der Regel schliefen die Heimtiere in der Nacht;
die meisten sind tagaktiv und selten ist eines auf-
gewacht.
Nur Alex der Hund machte mit, wenn Nachbars
Hunde bellten,
dies und das Gurren der Meerschweinchen hörte
man aber selten.
Da gab es eines Nachts ungeheuerliches Tierge-
schrei,
Felix leistete sich eine unmögliche Schweinerei,
mit seinem Rüssel öffnete er einige Tierunter-
kunftsstätten,
so dass sich diese Eingesperrten in die Freiheit ret-
teten.
Als die Familienmitglieder das Chaos erreichen
sehen sie ihn in die äußerste Zimmerecke entwei-
chen.

Wahrscheinlich plagte ihn ein schlechtes Gewissen,
denn er hatte schon vorher richtig um sich gebissen.
Besonders eine aus dem Käfig entkommene Ratte,
die man deshalb bisher gut vor ihm gesichert hatte,
lag tot am Fussboden man glaubte es fast nicht,
er hatte sie trotz ihrer Wendigkeit mit gezieltem
Biss erwischt.
Möglicherweise hatte er vorm Hausherrn Respekt,
als der vor ihm steht zeigte er sich zumindest er-
schreckt
und lässt mit ganz komischen Schweinelauten
vermeintlich sogar Entschuldigungen verlauten:
„Langweilig ist es mir hier überall in diesen Räu-
men,
kaum bin ich eingeschlafen fang ich an zu träumen
vom hellen Stall, den Umgang mit Artgenossen,
obwohl ich dieses bisher nicht erfahren oder genos-
sen.
In mir quirlen Kräfte und ungeheuere Energien,
wenn sich nichts ändert muss ich hier entfliehen.
Die anderen Tiere sind mir im Grunde einerlei,
ich befreite sie, führe vielleicht damit Änderungen
herbei."
Die Hausfrau tritt etwas näher an Felix heran
wobei sie seinen Angriff nicht abwehren kann,
er gebärdet sich aggressiv und beißt sie ins Bein,
es existiert nicht mehr, das einst so zahme Schwein!

Die Familienmitglieder sind bestürzt und fassungs-
los:
Wie werden wir dieses aggressive Tier wieder los?
Doch Felix bereut vermutlich seine böse Tat,
man gibt sich Mühe zu verstehen, was er zu sagen
hat:
„Ich reagiere leider oftmals spontan, unwillkürlich,
ihr meint es gut mit mir, das merke ich natürlich,
ihr gebt mir ausreichend Futter, das schmeckt,
doch haben mich deine Armbewegungen er-
schreckt,
ich dachte, du wolltest mich vertreiben, schlagen
und so etwas schlägt mir instinktiv auf den Magen.
Würde ich mit meinesgleichen mal aneinandergera-
ten
brächte mein Beißen dann nicht diesen Schaden."
Trotz dieser vermutlich von Felix geäußerten Ab-
bitten
bleibt seine Zukunft nunmehr doch sehr umstritten.
Vater sagt: „Das Tier muss in seinen natürlichen
Bereich."
Und da protestieren die beiden Kinder zugleich:
„Keinesfalls zum Schlachten, dann ist Fleisch pas-
see,
weil ich immer den lebenden Felix vor mir seh´,"
sagt das Mädchen und kann darüber informieren,
dass Tierschützer gerade etwas Neues ausprobieren:

„Bauern mit Schweinehaltungen bieten Familien
an,
wie man Patenschaften über Schweine übernehmen
kann.
Sie können die Tiere besuchen und beobachten
ob sie ein artgerechtes Schweineleben verbrachten.
Zu solch einem Landwirt könnten wir Felix geben
und ihn besuchen, begleiten im weiteren Leben."
Das Schwein hat das Gespräch vermutlich erfasst
und bekundet, dass ihm vielleicht so etwas passt,
es grunzt genüsslich und sichtbar zufrieden,
also will man schweinegerechtes Weiterleben bie-
ten!
Man beginnt den Vorschlag schrittweise zu realisie-
ren,
doch dazu war vorher noch etwas auszuführen.
Der Landwirt fordert, den Eber noch zu kastrieren
sonst könnte er sich im Stall auch unartig auffüh-
ren.
Von den Sauen im Stall sind immer einige brünstig,
der Eber immer deckbereit, das wäre ungünstig.
Ihn im separaten Stall ständig abzutrennen
ist dann auch nicht artgerechte Haltung zu nennen.
In der Tierklinik wurde nun der Eber kastriert,
er hört welch interessante Gespräche man dort
führt,
bevor er in tiefen Schlaf versinkt aus dem er er-
wacht
und da hat man ihn nun zeugungsunfähig gemacht;

die Tierärzte sprechen über die Ferkelkastration,
ohne Betäubung erfolgt die nun seit Jahren schon.
Fleisch erwachsener Eber schmeckt, riecht penet-
rant.
Ganz junge Tiere zu kastrieren man deshalb richtig
fand,
mit der Behauptung, diese spüren kaum einen
Schmerz,
doch ihr Schreien bei der OP schlagen aufs Herz.
Vom Tierschutz wird um Betäubungspflicht gerun-
gen.
Aus Kostengründen ist bisher kein Durchbruch ge-
lungen.
Felix landet nun in einer kleinen Bauernwirtschaft,
hat endlich mit seinesgleichen eine richtige Gesell-
schaft.
Die dortigen Erlebnisse hören wir von ihm uns an,
er allein ist es, der hier objektiv berichten kann:
„Nicht zu beschreiben, hier duftet es so angenehm
als ob ich vom Stinkhaus in ein Paradies nun käm´.
Unseren eigenen lieblichen Geruch haben wir
Schweine,
im Wohnungszoo kam ich damit immer nicht ins
Reine.
Die Mühe, die die Leute hier sich mit uns geben
verschafft uns ein echtes traditionelles Schweinele-
ben.

Wir suhlen im Schlamm und schlafen auf Stroh,
über regelmäßiges gutes Futter sind wir immer
froh.
Kurzum, ich vermag es einfach nicht zu glauben,
warum uns Menschen schweinewürdiges Dasein
rauben!
Sie entwickeln angeblich moderne Haltungstechno-
logien;
im Vordergrund steht dabei immer nur das Bemü-
hen,
billiges Schweinefleisch auf den Markt zu bringen,
das kann nur auf Kosten des Schweinewohls gelin-
gen.
Nun bin ich egoistisch, fühle mich hier schweine-
gut,
zum Kampf gegen diese üble Politik fehlt mir der
Mut.
Nicht vergessen habe ich die Leute vom Woh-
nungszoo,
über deren regelmäßige Besuche bin ich sehr froh.
Wir merken, wir erkennen uns, sind darüber erfreut,
denken nicht an die Zukunft, genießen das Heut´.
Doch wenn wir realistisch bleiben wollen
sollten wir nicht über unser Lebensende grollen,
das für uns Schweine selten ein natürliches ist,
weil der Mensch unser Fleisch so gerne isst;
hatten wir aber ein glückliches Schweinleben
sei unser Schlachten eventuell den Menschen ver-
geben."

Ein Vorschlag für vernünftiges Entscheiden:
Prüfen, ob Schweine als Heimtiere gar leiden!
Als Haus- und Nutztiere art- und tierschutzgerecht
halten
sollte man für unsere Mitgeschöpfe immer beibe-
halten.

Der Bauer, der das Schwein Felix übernahm stellte
einen solchen Schweinetransportkasten zu Verfü-
gung mit dem das Tier zur Tierklinik und zum Bau-
ernhof gebracht wurde. Diese sieht man heute ur
noch selten.

Die Kleinnager melden sich zu Wort

Im Wohnungszoo fehlte nun das Schwein
und dem Hausherrn fällt ganz plötzlich ein:
„In unseren Heimtierbestand gehören auch Affen
und einen solchen werden wir uns nun anschaffen."
Mutter verliert die Beherrschung, ruft voller Erre-
gung:
„Kommt nicht in Frage, du spinnst".
Im Hintergrund der Junge grinst.
Die Familie findet jedoch schnell das Ziel:
Affen zu hause, das wäre wirklich zu viel!
Schon schlimm genug, wie sie leben im Zoo,
auch dort werden die Tiere offensichtlich nicht
froh.
Man weiß, dass ihnen die natürliche Umwelt fehlt,
es geht aber nicht um sie, oft ist es die Attraktion,
die zählt.
Wohlsein in ihrem Käfig täuschen vor die Affen,
weil bei ihren Spielereien gern die Menschen gaf-
fen.
Der Vater lenkt ein und sagt: „Ja, wir müssen klä-
ren,
welche Tierarten für Wohnungshaltung richtig wä-
ren."
Weil die kleinen Nagetiere meistens ruhig sind,
staunt man, dass ein Hamster zu sprechen beginnt:
„Als primitiven Feldhamster viele mich kennen

und ich will jetzt hier mal einige Wahrheiten nen-
nen.
Heimtiere sind wir nicht im eigentlichen Sinn,
hierfür sind bekanntlich die Goldhamster in.
Solche Tiere leben auch hier mit in diesem Raum,
doch diese unterhalten sich mit uns gewöhnlichen
kaum.
Und an uns hat man sogar ein Verbrechen began-
gen,
auf dem Feld hat man Tiere unserer Art eingefan-
gen
sie hier in enge Käfige gesperrt und weiter ver-
mehrt.
Das sind Handlungen, die finden wir ganz verkehrt.
An Versuchstierlabore verkauft man uns ab und
wann
und mit dem Geld schafft man neue andere Tiere
an."
Aufgeregt melden sich zugleich die Mäuse zu
Wort:
„Wir dachten, wir seien hier an einem sicheren Ort,
doch auch wir mussten feststellen sehr bald,
die hier tierlieben Menschen sind auch sehr kalt,
wenn es darum geht uns an den Waran zu verfüttern
stört sie es nicht, dass vor Angst wir vorher zit-
tern."
Jetzt mischt sich der Goldhamster doch mal ein:
„Bei einigen Problemen stimme ich mit euch über-
ein.

So ist kürzlich meine Partnerin an Krebs gestorben,
man hat nicht sofort wieder Ersatz erworben,
obwohl doch alle Menschen ganz genau wissen,
wir werden krank, wenn wir einsam leben müssen.
Sie glauben uns würde ein Hamsterrad genügen,
unser schnelles Drehen damit macht ihnen Vergnü-
gen."
„Du erhieltst dieses Rad, um dich zu bewegen,
auf die faule Haut würdest du dich doch sonst le-
gen, "
schnieft das Meerschweinchen den Goldhamster an,
weil es selbst auch nicht aus seinem Käfig kann.
Unter den kleinen Tieren entsteht ein heftiger Dis-
put,
sie sind sich einig, nicht allen geht es wirklich gut.
Jede Kleintierart ist für sich in Käfigen einge-
schlossen,
das macht einzelne Geschöpfe oft recht verdrossen.
Jedoch die Schildkröte bewegt sich frei im Zimmer
und die unterstreicht: Hier will ich bleiben für im-
mer:
Von diesen Menschen hier keiner Schildkrötensup-
pe isst,
im Ausland Delikatesse, sie zum Glück bei uns
verboten ist."

„Ja," piepsen die weißen Mäuse nun aus ihrem
Nest,
„auch wenn man unser Verfüttern an Reptilien zu-
lässt
geht es unseren Verwandten, den Feldmäusen,
schlimmer,
als Schädlinge werden sie bekämpft immer und
immer.
Aus ihnen hat man uns mit weißem Fell gezüchtet
und wir haben schon manch Besonderes verrichtet;
wir sind bei Zauberern aus Hüten gesprungen
und als „weiße Mäuse" ist es uns gelungen
an Straßenkreuzungen den Verkehr zu regulieren,
wenn Technik versagt und wir den Schutz verlie-
ren."

Zum Schluss bedanken sich die Meerschweinchen
noch,
sie staunen, denn diese Menschen wissen tatsäch-
lich doch:
„Man zwang uns früher mit Kaninchen zusammen
zu leben
damit ist absolut nichts Natürliches gegeben,
im Tagesrhythmus und Körpersprache wir uns un-
terscheiden,
darum sollte man unser Zusammenbringen besser
vermeiden."

Meerschweinchen in ihrer einigermaßen artgerech-
ten Unterkunft auf dem Balkon, das Kaninchen hat
man herausgenommen und in einen Stall gesperrt.

Heimtiere auf dem Balkon

Vögel

Günstig für den Heimtierzoo ist es aber schon,
die Wohnung besitzt einen geräumigen Balkon,
der wird zeitweilig verglast in der kalten Jahreszeit
ist deshalb ganzjährig für den Heimtieraufenthalt
bereit.
An der Brüstung befindet sich ein kleines Futter-
häuschen,
an dem laden sich Wildvögel voll das Bäuchchen.

Die Meisenknödel gehören zu den Delikatessen,
viele Vögel sieht man, wie sie gerne daran fressen.
Sie beobachten, was die Heimtiere auf dem Balkon
anstellen,
getrauen sich aber nicht, sich zu ihnen zu gesellen.

Wildvögel ganzjährig zu füttern, als falsch früher
galt,
in frostfreien Zeiten wäre genügend Nahrung in
Flur und Wald.
Vogelexperten teilen diese Meinung heute nicht
mehr;
gleichbleibendes Futterangebot diene der Bestand-
erhaltung eher.

Angenommen, die beobachtenden Vögel könnten
reden,
was wir da hörten, berühre wahrscheinlich fast je-
den,
denn aus ihren Berichten würden wir erfahren,
ob Menschen gut oder schlecht mit Vögeln waren.

Zunächst will der Heimtierzoobesitzer erzählen
wie Amseln den Balkon auch für ihre Nester wäh-
len:

„Ein Tierverhalten ist jetzt neu:
Wildvögel verlieren oft ihre Scheu,
denn schon seit manchem Jahr
erlaubt es uns ein Amselpaar
auf dem Balkone zuzuschauen,
wie sie ihr Nest exakt dort bauen.

Die Eier legt hinein die „Amselin"
und hat dann nur noch dafür Sinn,
dass sie ihr Gelege in dem Nest
nicht unvorsichtig auskühlen lässt.
„Anselm" ist dabei darauf bedacht,
dass sie auch alles richtig macht!

Meist cirka 13 Tage dauert´s dann
bis man erste Schnäbel sehen kann.
Bestaunen kann man nun
der Vogeleltern fleißig Tun,
pro Tier und Tag 16 Gramm Futter
bringen herbei Vater und Mutter.

14 Tage nach dem Schlüpfen
die Kleinen aus dem Neste hüpfen,
aber erst nach ungefähr 3 Tagen
sie sich fliegend weiter wagen,
bis zur richtigen Selbstständigkeit
vergehen noch weitere 20 Tage Zeit.

Ein Kleines verlor in einem Jahr
den Anschluss an die Geschwisterschar,
es blieb auf dem Balkon zurück,
hatte dabei aber großes Glück,
weil die Eltern das Rufen vernahmen
und auch weiter zum Füttern kamen.

Der Nachzügler wurde aufgezogen
und ist gefestigt in die Freiheit geflogen.
Gleich, ob hilfloses Tier oder Kind,
erfreulich, wenn wir aufgeschlossen sind
für Schutz und Rettung von Leben,
das uns bekanntlich nur einmal gegeben."

Ein Zugvogel ist aus Italien zurückgekehrt,
er erzählt den Hiergebliebenen was einem dort wi-
derfährt:
„Hinflug, dortiger Aufenthalt waren ganz problem-
los
aber auf dem Rückflug, da war vielleicht was los!
Dass ich unbeschadet hier wieder angekommen bin
verdanke ich nur meinem geschärften Gesichtssinn.

Von weitem sah ich versteckte, aufgespannte Net-
ze,
darin war von vielen unserer Artgenossen ein Ge-
fetze.
Sie wurden gefangen, um verspeist zu werden,
in meinen Augen, ein richtiges Verbrechen auf Er-
den.
Die Menschen betrachten uns als Speisedelikates-
sen,
wobei sie ganz und gar alle Moral vergessen.
Uns Singvögeln es doch bisher immer gelang,
Menschen aufzuheitern mit unserem Gesang,
bietet man deshalb der Vernichtung keinen Einhalt
wird es künftig unheimlich still in Flur und Wald."

Kaninchen

Keiner der Wildvögel, die auf den Balkon schauen,
ist entzückt
von der Stallhaltung der Kaninchen, die er hier er-
blickt.
Bei ihren Ausflügen in Dörfern übers Land
sahen sie viel Ähnliches und es ist ihnen nicht un-
bekannt,
dass diese Tiere auch schon in früheren Jahren
für viele Menschen Fleischlieferanten waren.

Sie hören nun wie Kaninchen auf dem Balkon in-
formieren,
welches Leben sie als Zwergkaninchen oder Mast-
tiere führen:

Zwergkaninchen ? ? ?

    (weit gefehlt)

„Schon die Anschaffung von uns Zwergkaninchen
war kurios,
man wollte Tiere zum Schmusen, zum Halten im
Schoß.
Der Tierverkäufer versichert mit treuem Gesicht,
groß würden die von ihm angebotenen Tiere nicht,
sie gehören garantiert zu geprüften Zwergkanin-
chenrassen,
die sich sehr günstig im Wohnungszoo halten las-
sen.
Man erwarb 2 weibliche und ein männliches Tier,
vielleicht konnte man sogar Nachwuchs ziehen
hier.
Doch bald stellte sich große Enttäuschung ein,
wir Kaninchen wuchsen, wir blieben nicht klein."
(oberes Bild)
Die Zoohandlung nahm die Tiere nicht zurück.
Die Heimtiere berichten aber: Wir hatten trotzdem
Glück:
Wir bekamen einen Aufenthaltsraum mit Ver-
steckmöglichkeiten;
man wird verstehen (Bild), das konnte uns Freude
bereiten.

Wir merken, nicht Statur und Körpergröße ent-
scheiden,

wenn uns die Schlachtkaninchen um unser Los be-
neiden,
denn bei Mensch und auch Tier ist es immer so ge-
wesen
bestimmend ist und bleibt anhängliches, friedliches
Wesen.
Bei uns 3 neu hinzugekommenen liegt´s vielleicht
an Genen,
dass wir uns besser an Anpassungen mit Menschen
gewöhnen,
wir werden öfter gestreichelt, sogar manchmal
liebkost,
über unsere bessere Unterbringung sind dann die
anderen erbost.
Wir bekamen keine vergitterten Türen und ganz
kleinen Stall
wie das üblich bei der Kaninchenfleischproduktion
fast überall."

Kaninchenzucht und –mast, typischer Kaninchen-
stall

Eine Zuchthäsin, die von ihrem Schicksal erzählt
Verdeutlicht, wie der Mensch diese Tierart quält:
„Ich wurde von den Heimtierzoobesitzern erwor-
ben,
meine Vorgängerin war beim Gebären gestorben.
Bei ihrem Kauf wurde nicht über Deckzeitpunkt
informiert
und so ist eben dann etwas Schreckliches passiert,
ein Fötus, der sich im Geburtskanal verklemmte,
den weiteren Geburtsvorgang in diesem Falle
hemmte.
Für einen Kaiserschnitt, der Rettung hätte gebracht
wurde der Termin verpasst, er wurde nicht ge-
macht.
Mich hat man auch tragend angeschafft und aufge-
passt,
dass man den Geburtstermin meines 1. Wurfes
nicht verpasst.
Sechs kleine niedliche Tierchen brachte ich zur
Welt,
dann hat sich sehr schnell herausgestellt,
Stallplätze, auf denen wir nun leben mussten,
waren, umgangssprachlich ausgedrückt, letzter
Husten.
Wir hatten gerade mal Platz pro Tier
in der Größe von 2 Blattseiten DIN A 4.

Jedoch das Schlimmste war, es ist leicht dunkel
permanent,
Aufenthalt im Freien man für uns überhaupt nicht
kennt.
Mein Nachwuchs, den man nicht für die Zucht
verwendet
schließlich dann unter dem Schlachtmesser endet."

Diese traditionelle Hauskaninchenhaltung ist wohl
besser kaum
als die Massentierhaltung der Kaninchen in Käfigen
auf engsten Raum.

Schildkröte

Im Wohnungszoo konnte unter den Heimtieren
eine Schildkröte ein sehr angenehmes Leben füh-
ren;
sie stammt aus Bulgarien, einem Land ganz fern,
von ihrem bewegten Schicksal erzählt sie selbst
sehr gern:
„Geboren in den Bergen am Ufer, am Schwarzen
Meer,
gefiel mir Einjährigem das dortige arme Leben
nicht mehr.

Ich machte mich auf Wanderwege, nicht ahnend
der Gefahr,
die bei Überquerung von Autostraßen gegeben war.
Vielleicht war es mein langsames Gehen, das
Schleichen,
ein PKW und ich konnten einander nicht mehr aus-
weichen;
ich spürte, dass ich plötzlich durch die Lüfte
schwebte,
im Straßengraben landete und doch noch lebte.
Warme Menschenhände umfassten mich,
dazu aber auch starke Schmerzen, die spürte ich.
Tierfreunde hatten mich vermutlich angefahren,
ich merkte, wie besorgt sie um meine Rettung wa-
ren.
Kurzum, sie nahmen mich illegal mit hierher,
wo es mir auch ausnehmend gut gefiel bisher.

Ich erholte mich, behielt aber ein eindeutiges
Merkmal,
der geplatzte Panzer heilte mit Narbe für mich ohne
Qual.
Dieses Kennzeichen mir zum Vorteil gereichte,
weil ich dadurch wieder mein Domizil hier erreich-
te.
Für mich war und ist es ein immer schönes Erleben,
wird mir Gelegenheit zum Aufenthalt im Freien
gegeben.

Bekannte meiner Besitzer betreiben einen Schre-
bergarten,
und in der schönen Jahreszeit kann ich es kaum er-
warten,
dass man bei Besuchen mich dorthin mitnimmt,
weil für mich Aufenthalt auf eingezäunter Rasen-
fläche stimmt.
An einem Herbsttag büxte ich in unvernünftiger
Weise aus,
Suche nach mir blieb ergebnislos, man fuhr allein
nach Haus.
Unter einem Komposthaufen hatte ich mich ver-
steckt
und wurde erst im nächsten Frühjahr wieder ent-
deckt.

Meine Narbe konnte mich eindeutig identifizieren,
ein Zeichen, Schäden können auch zu Vorteilen
führen!
Wahrscheinlich bin ich hier das langlebigste Tier.
Im Gegensatz zu einigen anderen gefällt es mir be-
sonders hier."

Möge es trotzdem allen gut ergehen
und die Tiere sagen: „Auf Wiedersehen!"